산정의 나무

마음의詩 28
산정의 나무

ⓒ 진하 2009

초판인쇄 2009년 9월 25일
초판발행 2009년 9월 30일

지 은 이 진하
펴 낸 이 김충규
펴 낸 곳 문학의전당
출판등록 제387-2003-00048호(2003년 9월 8일)

주   소 121-718 서울특별시 마포구 공덕동 404번지 풍림VIP빌딩 202호
전화번호 02-852-1977
팩시밀리 02-852-1978
블 로 그 http://blog.naver.com/mhjd2003
전자우편 mhjd2003@naver.com

I S B N 978-89-93481-38-9   03810

*이 책의 판권은 지은이와 문학의전당에 있습니다.
*양측의 서면 동의 없는 무단 전재 및 복제를 금합니다.
*잘못된 책은 바꿔드립니다.

산정의 나무

진하 시집

문학의전당

차례

1부 철들 무렵

봄꽃 • 11
밤 • 12
공산광空山光 • 13
와병 • 14
밤비 • 15
가을밤 • 16
풍경 • 17
감기 뒤끝 • 18
단풍나무 • 19
단풍 구경 • 20
가을 • 21
감잎 • 22
겨울 감기 • 23
북서풍 • 24
무제 • 25
숯 • 26
산정 대피소 • 27
가시나무 • 28
입적 • 29
폭풍의 밤 • 30
낙법 • 31
마지막 악수 • 32
겨울나기 • 33
나무 • 34
십일월 • 35
연 • 36
산을 내려오다 • 37
이운 봄 • 38

2부 해협의 밤

겨울 장미 • 41
겨울의 끝 • 42
해묵은 노래 • 44
오월 푸른 날에 • 45
환상 • 46
이어도 • 47
영혼의 방 • 48
외출 • 49
백로 무렵 • 50
나무는 생각한다 • 51
이어도 가자 • 52
한 마리 새 • 54
겨울 바닷가에서 • 55
음악의 날개 위에 • 56
아버지의 국어사전 • 57
등산 • 58
사투리 • 60
고도를 기다리며 • 61
버려진 펜 • 62
타프롬의 나무 • 64
파란 하느님 • 66
맨 처음 발자국 • 67
비 내리는 날 • 68
내가 모르는 나의 마지막 꿈 • 69
이방인 • 70
반 푼짜리 나 • 71
아버지의 농사 • 72
불면 • 73
뒤란의 항아리 • 74
가을 편지 • 75

3부 봄날의 허깨비

홀씨 • 79
찔레꽃 • 80
배꽃 • 81
봄날의 허깨비 • 82
아름다운 우리 꽃 • 83
장미 • 84
연필 깎아 주는 여자 • 85
장미와 돼지 • 86
순간의 꽃 • 87
광합성 • 88
소나기 • 89
귀뚜라미 • 90
나룻배 • 91
항아리를 안은 여인 • 92
인연 • 93
혼인 비행 • 94
저녁노을 • 95
흔들림 • 96
참나무보살 • 97
쇠의 울음 • 98
솔개 • 99
봄이 오기 전에 • 100
봄동 • 101
목련꽃이 지다 • 102
은사시나무 • 103
그분의 말씀 • 104

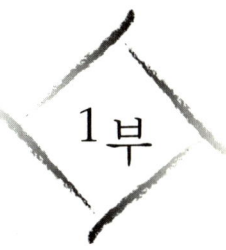

철들 무렵

봄꽃

봄꽃은 비장하다.
죽음에 다가선 이의 얼굴에
확 피어나는 검버섯처럼,
유언처럼,
봄꽃은 엄살 같고, 추문 같고,
기만적이다.

긴 겨울 동안의 인내의 한계,
제 목숨 부지에 대한 불신에서
꽃이 핀다.
죽는 줄만 알고 꽃을 피운다.

봄꽃은 비굴하다.
제 몸을 밀고 올라오는
새싹 앞에서의 쑥스러움,
생명의 처음과 끝의 부조화.

삶은 누추하다.

밤

어둠은 가볍다 안개처럼

꿈이 내린다

목이 긴 선녀의 웃음소리 들리고

잠시 그친다 노란 꽃들이

별에 섞여 반짝인다

가슴이 숨을 죽인다

숨이 죽는다

공산광空山光
–화투

여덟 끝짜리 팔공산에
기러기 몇 마리

저 오름 넘으면
보름달이 뜰 텐데

훠이 날아라
내 마음 버리고 기다릴까

빈손에
달빛이 가득!

와병

내 몸 다 열어 놓으니
네 놈들 내 안에 와 놀아라

밤비

자정 창밖에 비 쏟아지는 소리
군경에 쫓긴 시위대가
골목으로 몰려오는 발걸음 소리

서늘히 창 열고
문득 가슴속으로 뛰어든 빗방울
나는 품어라

가을밤

초저녁 전깃줄에 걸려 있던 초승달
검은 바람에 마르고 있다.
그 광경을 물끄러미 바라보던
멀구슬나무 둥치의 마른 가지 두어 개
그냥 그 자리에 그대로 있다.

무슨 말을 하다가 말문이 막힌
검게 마른 손가락처럼 정처 없이
가지들이 가리키는 군청색의 하늘은
천계의 신의 입처럼 속이 비었다.

멀찍이 비켜나 빛나던 별 하나
문득 무엇이 생각난 듯
화면을 가로지르며 사라진다.

풍경

마흔이 가까워진
가을의 끄트머리다.
비바람이 밤새 나뭇잎들 훑고 간 뒤
새로 닦은 유리창이 고요한 아침

뜰 안 감나무 가지 끝에
벌거벗은 붉은 감들
점점이 달려 있다.

날개가 푸른
새 한 마리
며칠째 날아들어
그 익은 속을 파먹는다.

하루에 딱 그 만큼씩
제 먹을 정도만 먹고 간다.

감기 뒤끝

늦은 가을 아침
오동나무 그림자
노란 햇살을 길게 늘인다.

두어 뼘 가지 끝으로
잠깐씩 튀어 오르는
새 한 마리 보인다.

대기 속으로 번지는
열두 줄 가야금 소리
이슬처럼 차갑다.

단풍나무

바위 끝 암자로 가는 길
냇물 위에 드리운 단풍나무는
한 아름 밑둥 속이 고장 난 허파처럼 썩어
허허 웃는 이 빠진 선사의 입 같다.

상수리나무들과 햇살 다투며
가지 끝 높이 노란 싹 밀어 올리고
목울대까지 차 오른 죽음 삼키며
목질이 꺼멓게 타도록 버틴 빈 구멍의 세월

끝내 제 삶의 무게 이기지 못해
맑은 하늘에 천둥 벼락 치듯 쓰러지는
대오각성의 날이 언제 올 것인가.
숲 그늘에 선 선사의 부도를 지키며
임종게처럼 죽음을 살고 있다.

단풍 구경

큰맘 먹고 나선 단풍 구경
가을 산을 오를 때
고소공포증이 있는 아내는
자꾸만 조금씩 손을 놓치더니
하산하여 여관에 들어서도
산의 무게를 부리지 못하였다.

객지에서 무서운 꿈을 꾸는가.
여린 신음 끝에 한숨 내쉬며
돌아눕는 아내의 등이
작은 등성이처럼 쓸쓸했다.

밤새 울던 산짐승이
새벽빛을 깨울 때쯤
먼저 깨었는지 슬며시
얼굴을 만져보고 가는 눈치다.
높은 산기슭 단풍이
두어 참은 더 내려 왔겠다.

가을

그는 쓰러질 것 같다고 했고
나는 쓰러져선 안 된다고 했고
그는 쓰러질 수밖에 없다고 했고
나는 절대 그럴 수 없다고 했다.

허리를 꺾으며
두 손을 모으며
그는 쓰러졌고
나는 쓰러지며 그를 덮었다.

숨죽인 강물 위로 벌겋게 가을이 내렸다.

감잎

감나무 이파리 하나에
온 계절이 다 들어 있다
젊음이 아픔으로 익어가듯
여름날의 괴로움이 서린
피멍든 누군가의 마음

겨울 감기

늦은 밤 할아버지 기침소리
어둠에 잠긴 대청마루 넘어
바깥채 작은 방까지 컹컹 울린다
마당엔 흰 눈이 가득하고
안채로 건너가는 발등에
차갑게 들러붙으며 녹는 눈물
뜰 앞 측백나무 가지 위에
소복이 이불처럼 쌓였던 눈은
밭은 기침 울릴 때마다 조금씩
들썩이며 무너져 내렸다

북서풍

먼 바다를 건너온 북서풍이
모질게 오름 골짜기를 파고들자
화들짝 놀란 노루 한 마리
바닷가 마을로 내달렸다.
그 바람에 덩달아 흔들리던
멀구슬나무 노란 열매들이
노루똥처럼 떨어져 뒹굴었다.

무제

가지 끝 마른 잎을 사흘째 노려보다.

그 잎,
마침내 떨어지며
내 눈까풀에 외줄기 선을 긋는다.

눈 감고……
마음을 놓으니
마음이 놓인다!

숯

한 번만 더 불타자는 다짐
마음먹기는 쉬워보여도
얼마나 실행하기 어려운가
산등성이를 쓸쓸히 지키다가
촌부의 톱날에 몇 동강이 나서
무덤 같은 흙구덩이 속에서
엄습하는 화염에 싸일지라도
다시 한 번만 타오르자는 마음으로
시커멓게 속이 타도록 견디는 몇 밤
삶의 투지가 하얀 재 되어
바람 속으로 사그라질 때까지
빨간 잉걸의 기억을 남기며
마지막 열기를 전하려고 하는 나무

산정 대피소

겨울이 깊어지자 습관처럼 내리는 눈
날선 눈빛 번뜩이던 능선도 무디어지고
시간의 무게를 견디다 못해
기립하던 나무들이 한숨 내쉬며
풀썩 주저앉기도 했다.
길 잃은 바람 한 가닥 황망히
제 자취를 지우다 사라지는 골짝에
백지처럼 하얗게 쌓인 침묵
첩첩이 이어지는 상념의 결이
검은 구름 속으로 묻혀갈 뿐
간신히 식은 땀 흘리던 냇물은
허물만 벗어놓고 멀리 달아나 버렸다.

가시나무

가시나무는 외롭다.
여럿이 있어도 외롭다.
새순 끝에도 작은 가시가 돋는다.
그것이 가시나무의 운명이다.

상처 같은 꽃이 피었다 지고
새들은 포물선을 그리며 피해간다.
나는 가끔 나무가 우는 가녀린 소리를 들었다.
아직 나는 가시나무의 앞모습을 본 적이 없다.

바람이 크게 불고 난 다음 날
나무의 등이 홀로 조금 굽어 보였다.
빨간 열매가 몇 방울
오래 떨어지지 않고 매달려 있었다.

입적

마른 나무에 꽃이 피었다.
산꼭대기에 벌거벗고 서서
나는 자유롭다고
팔 벌려 외치는 고사목
가지 끝에 하얗게 피어난 눈꽃이
파란 하늘 구름 한 점 떼어 쥔
얼음의 무지갯빛 따라 투명하다.
좌탈입망한 지 얼마인가.
오도송이 끝끝내 열반송이었던
미욱한 생애의 뿌리를 벼랑에 말리며
산정을 휘감는 회한의 바람,
알 것 같다, 알 것 같다,
이마를 치다 그쳤다.
다비는 아무 때나 볕 좋은 날
아랫마을 촌부의 도끼날에 누워
구들장 밑 화염 속에서 하리라.

폭풍의 밤

파도가 쏴쏴 밀리는 소리
불길 속 마른 가지 깨지는 소리
바람신의 마차 바퀴
지붕 위로 굴러가는 소리
어둠이 삼킨 캄캄한 밤
뒤뜰 방풍림 웅숭그린 품에
숨죽이고 안긴 초가
호롱불 꺼진 지 오래고
뜨겁게 등허리 달구는 구들장
창호지 너머로 듣는 소리

낙법

가지 끝에서 마지막까지 꼿꼿이
하늘을 찌르는 자세로
자리를 지키고 있던 이파리 하나
밤새 시린 땅에 떨어져 있다.
세상을 뜰 때는 가볍게
구차한 몸부림 들키지 않고
아무도 모르는 캄캄한 밤에
어딘가로 흘러가 버리고 싶다.
울울창창히 푸른 빛 뽐내던 여름날
끝내 저 이파리의 낙법을 배우지 못한다면
허섭스런 거름으로 썩기도 어려우리.

마지막 악수

가을바람이 흔드는 감나무
가지 끝에서 금세 떨어질듯
몸서리치는 이파리 하나
한철 다한 바람의 끝자락과
길게 나누는 마지막 악수

겨울나기

지난 밤 꿈결에 누군가 어딘가로
끝도 없이 걸어가는 발자국 소리 들리더니
눈이 밤새 천지를 덮었다.
몇십 몇백 년인가를 홀로 겨울을 났다는
매화나무는 계절의 끝에서 투신하며
꽃봉오리 몇 개 피워 올리다가
창백하게 그대로 멈추어 있다.
꽃은 처절하게 삶을 긍정하므로
나는 그것을 변명이라고 말하지 못한다.
꽃은 이미 다른 생이므로.
다만 욕정의 비애와 허망함을,
눈의 사막을 그림자로 건너간 사람을 생각할 뿐이다.
눈밭의 끝에 서 있는 한 그루 나무 그림자
그것의 약한 떨림을 바라볼 뿐이다.

나무

가지 끝에 앉아 있던 새가 날아오르자
가느다란 나무가 빈손처럼 흔들린다.
다시 무언가를 기다리는 그런
허전한 몸짓이다.
고요한 정지를 깨뜨리며
불안은 늘 그렇게 불현듯 찾아들고
모든 것이 한꺼번에 출렁거린다.
오랜 상념의 끝에
훅 털고 일어나는 것
바람을 가르며 활공하는 새
나무는 그 비행의 끝을 바라보는 자세다.

십일월

나무의 이파리들 여름내
빛과 그늘을 번갈아 보여주더니
그게 귀 얇은 망설임이었나.
버리네, 하나, 둘
여린 가을 햇빛에
눈부시네.
바람이 걷어 가는 구름
깨끗이 드러나는 가지들
수직으로만 서는 나무여,
빛의 높이,
어둠의 깊이여!
하나로 이어진 두 길이여!
삶은 번잡하고 쓸쓸한 것
붙잡을 수 없는 것들
하염없이 떨구고
홀로 걸어가는 이의 뒷모습
십일월의 나무.

연

한 가닥 줄을 잡고
허공에서 버둥거리며
바람 따라 연이 흔들린다.
실이 길어질수록
견디는 시간은 무거워
추락과 비상 사이의 유혹에
손끝이 저릿하다.
하나밖에 없는 목숨이라
쉽게 버릴 것 같았는데
이제는 하나뿐이라고 연연하는가.
마지막 한숨처럼
이 줄을 놓아버리면
세상 모든 무거움이
가볍게 날아오를까.
한겨울 바람결에
연줄이 웡웡 운다.

산을 내려오다

꿈길엔 듯 그리움의 귀향길엔 듯
눈썹에 걸려 커 가는 산은
서두르는 발등 위에 그늘을 드리고
퇴락한 산사山寺의 일주문 문턱에
뽑은 머리칼 한 줌 걸어두고 돌아오는 밤
무슨 인광燐光의 호랑이 눈빛에 쏘일세라
등짝에 표적 그리며 소심한 마음 감출 때
사방을 안개처럼 뒤덮는 살 내음.
비린내 씻을 길 없는 계곡에
흐린 내 마음이 비치는 것이라면
차라리 썩은 몸의 진액으로 산을 씻겠네.
동구 밖 굽이진 길목에 휘도는 바람 따라
머리 풀고 둥게둥게 춤을 추겠네.

이운 봄

한 세월이 이우는 소리를
나무가 먼저 듣는다.
가지 끝 마른 낙엽 끝내 지고
먼 호숫가의 그늘에서
누군가 혼자 울고 있다.

노란 햇살에 응어리진 봉오리들
백양나무 가지 위로 풀리며
더 먼 기억의 껍데기들을 밀어내자
그가 떠난 자리에 작은 웅덩이 하나
검게 빛나고 있다.

새가 울고 또 다른 새가 울고
다리를 잃고 부리를 잃고
썩어가는 날개의 그림자들
화석처럼 번지는 양지에
비수처럼 솟아오르는 푸른 싹들.

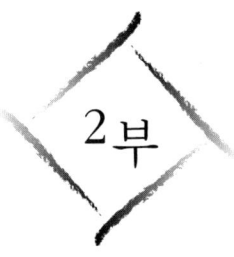

해협의 밤

겨울 장미

영안실로 문상 가는 병원 뒷길
쇠울짱 너머로 늙은 창부처럼
시뻘건 입술 내밀고 손짓하는
장미 몇 송이 보았다.

꽃은 이미 다음 생의 시작이지만
십일월의 장미는 너무 늦은 출발이어서
폐경의 음부를 보는 것처럼
민망하고 탐욕스러웠다.

잦아든 햇살에 벌도 나비도 없이
초겨울 바람에 검게 마르며
지하계단을 올라오는 영결의 의식을
맨 처음으로 보고 있었다.

겨울의 끝

낯익은 계절의 경계를 흔들고 마는
권태여, 매혹의 두려움이여,
해묵은 꽃은 껍질을 깨며
다른 세계로 피어나고
이제 나는 다시 먼 과거의
어둠의 뿌리가 되었다.

말은 늘 순수를 한 움큼씩 떠다가
어디인가로 흩뿌리고 만다.
너의 순수는 말없이, 말할 수 없어 외롭다.
문득 말을 잃고 돌아설 때
떠오르는 망각의 봄노래는
항상 터널처럼 공허하구나.

점점 옹색해지는 정신의 살림이여
서가는 폐허이고 모든 책들은 불탔다.
유년의 길가를 어지럽히던 낙서여,
난무하는 풍문이여,
현자의 최후는 종적이 없나니
만장挽章을 어디에 세우랴.

나는 어제 너의 소식을 들었다.
내일 다시 목소리를 듣는다 해도
오늘 너는 어디에 있느냐. 빈 병처럼
병든 내 육신은 가볍고 하릴없다.
가슴속을 울렁거리던 혈기여,
그것은 기억 없는 미래인가.

진정으로 떠나지 못하였으므로
나는 돌아올 수 없었다.
철새들이 돌아간 빈 들판
백지처럼 무색해진 물가에
울음도 없이 쓰러진 새 한 마리
나는 다만 기억의 매장을 보았을 뿐.

백지는 정신의 수의壽衣로 재단될 것이므로
울혈鬱血의 독으로 먹을 갈라.
나는 묻히기 전에 지워지고 싶었다.
나는 나를 까맣게 지우고 싶었다.
잔설의 구름이 몰려들 때
홀로 어두워진 나무 그림자처럼 말없이.

해묵은 노래

길을 가다가 문득 떠오르는 노래 있다.
뜬금없이 발걸음 붙잡으며
엇박자로 들리는 생생한 가락
님은 떠나고 나 홀로 남아
숲길에서 헤맨다는 가사 한 토막.

가던 길과 노랫속 길 사이에서
갈피 잡지 못하고 우두커니 서서
허공이나 광고판이나 쳐다보아도
어디에도 길은 이어지지 않고
앞뒤 없이 입안에서 맴도는 선율.

오월 푸른 날에

봄 밤 꿈속에 너를 만나러 외출하고,
내달리고, 내달리기만 하다가
이른 빛에 눈뜨는 아침이다.

너는 어느새 낯선 옷차림으로
뜰 안 이파리들에 내려
무거운 내 눈썹을 시리게 흔든다.

여린 흰빛의 때죽나무 꽃들이
의혹으로 주저하며 바람에 떨 때
나는 저 녹색의 스펙트럼 어디로 스며들 것인가.

내 마음의 상념을 문득 차단하며
푸른 건반의 몇 번째 음계에서 너는 울고 있는가.
나는 또 어느 가지 이파리에서 상심의 활을 켜는가.

환상

오르지 않는 자에게
산은 신화 같은 것,
큰 눈 내리고
파랗게 하늘 갠 날
서녘 들판 위로 눈사태 지며
가슴 앞까지 다가서 있는 한라산

빛과 색채의 마술로 순간 포착되어
빈들에 선 나를 와락 끌어안는
범접할 수 없는 풍경
멀리 푸른 그림자 낮게 드리우고
바람 찬 날 해맑게 백발처럼 날리는 능선
아득한 세월 속에 서 있다.

이어도

밤마다
어둠 속으로
꿈의 다리를 놓아도
파도 끝에서는 돌아서야 한다.

섬을 버리고
바다로 걸어간 자
돌아온 적 없다.

영혼의 방

해발 천 미터 고개 넘어
한라산 가는 길
늘 푸른 나무들 침묵하는
어두운 푸름의 숲

오백 장군 삼지창 세우고
바람 거느린 영실靈室,
눈앞이 확 깨는 선작지왓 위로
맑은 햇살 비추는 쨍한 한낮에도
산봉우리보다 더 깊은 그늘

내가 나를 못 이겨 괴로우면
그냥 그대로 깊이 숨어
부끄러움 달래며 울고 싶은 곳
차갑게 흐르는 계곡물에
눈 씻고 마음 식히고 싶은 곳.

외출

목장의 소가 울타리를 넘었다.
늘 하늬바람 부는 쪽으로
코를 쳐들고 서 있던 놈이란다.
몇 번인가 나간 적이 있는 놈이란다.

테우리*는 장화를 동여매고
긴 막대기를 발끝으로 퉁기며
길을 나섰지만
서두는 기색이 없었다.

땅거미가 질 무렵
점박이 소는 허연 입김을 물고
테우리보다 먼저 돌아와 있었다.
입술에 시퍼런 풀잎 물을 잔뜩 묻히고.

*목자牧者를 가리키는 제주도 방언.

백로 무렵

오지 않는 가을
가지 못하는 여름
시든 고추 줄기 위에서
떠날까 말까 망설이는
날개가 투명한 잠자리 한 마리
깜빡 감기는 둥그런 눈알 속에
하늘이 한 바퀴 빙글 돈다.

아직 시퍼런 풋감들
철없이 빈둥거리는 시절
등짝을 후려치듯 달려드는 햇살을
손바닥 활짝 펴서 둥글게 빚으며
토란 이파리들 견디고 있다.
이제나 저제나 하는 기다림 속에서
열매들은 붉게 안으로 익는다.

나무는 생각한다

붉은 노을 속 음화처럼 허공에 새겨진
뒷동산 팽나무의 윤곽
두개골 속으로 파상적으로 뻗어나간
뇌혈관의 신경세포들까지
피를 쏟은 노을 속에 묻었다.
이제는 생각을 멈추고
긴 잠에 들 겨울나무야.
햇살에 넘기던 책장들
마지막 상념 같은 이파리까지
분서갱유하고 적막해지자.
어깨 웅크리고 동산을 서성이는
나무 그림자 두 개.

이어도 가자
―로르까 풍으로

이어도,
멀고 쓸쓸한 섬.

붉은 조랑말 둥근 달빛 속으로 가고
채롱에는 노란 귤 두어 개.
가는 길을 알면서도
나 영영 이어도에 가지 못하네.

웃드르 들판으로, 바람 속으로
시뻘건 달이 뜬 밤
붉은 가라말 달릴 때,
이어도 오름 꼭대기에서
나를 지켜보고 있는 죽음.

아 멀고 먼 길이여!
용감한 내 조랑말아!
이여 이여 이여도여!
이어도에 닿기도 전에
저승이 나를 기다리리.

이어도,
아득히 먼, 쓸쓸한 섬.

한 마리 새

앗, 저기 꿩이다! 하고 소리치는 사이
장끼 한 마리 숲 건너로 날고 있다.
아청빛 날갯짓만 남기고
꿩이 앉았던 풀숲 자리엔
구멍이 휑하니 파였다.
사냥감 놓친 개처럼
공연히 킁킁거리며 헛발질해봐도
꿩은 없고 몸통만큼 한 구멍과
깃털 몇 개뿐 묵묵부답,
언어는 몸통 없는 날개다.

겨울 바닷가에서

지금은 돌이킬 수 없는 계절
거친 바람에 쫓긴 파도가 뭍으로 피하려
엎어지며 수직으로 솟구치는 겨울 바닷가
산란하는 눈보라가 메마른 솔잎들을
유골처럼 허공 속으로 흩뿌린다.

낮달처럼 잊혔던 차가운 발이여
네가 선 풍경의 의미를 나는 알지 못하고
사람은 생각보다 먼저 죽나니
내가 무슨 기호를 모래밭에 그려야
저 바람이 나를 읽어주겠는가.

죽음이 전설처럼 현전하는 암흑 속
하루방처럼 두 눈 부릅뜨고 서서
해협의 어둠을 읽고 싶은 밤
바위 끝에 날리는 하얀 넋들 달래며
불 밝힌 진혼의 배 한 척 물마루에 떴다.

음악의 날개 위에

한철 바람이 마저 바뀌기 전
손끝에서 울던 피리 소리 지워지고
긴 현을 그리며 샛강으로 날아가는 새.

망각의 습지를 건너다 말고
한쪽 발 엉거주춤 든 채 귀 기울이며
고개 쳐든 왜가리의 순간 정지,
숨표처럼 허공에 잡혀 있다.

목질의 소음으로 수군거리는 작은 새들
반음표처럼 뛰어다니며 다시 바람을 부르자
날갯짓하는 억새 숲의 난만한 율동.

아버지의 국어사전

1961년 국어연구회 편저
理想社판 실용국어사전
아버지가 평생 간직한
누렇게 손때 묻은 책.

밭고랑에 붉은 콩씨를 묻듯
새로 깨친 단어마다 하나씩
연필 끝에 인주를 묻혀가며
점을 찍어나간 우리말 사전.

말을 배우는 것은
씨앗을 뿌려 싹을 틔우는 것이라며
비 내리는 날마다 들추던 책장
갈피마다 찍힌 아버지의 오랜 농사의 흔적.

등산

아열대의 밀림을 빠져 나오자 낙엽송지대다.
급한 욕망의 무게를 벗어난 마음이
다시 의지로 서듯 가뿐해진다.
나는 사람들을 피해 숲으로 간
어느 짐승의 그림자를 찾아본다.

정상이 가까워지자
관목들이 자라는 초원이 나오고
이제부터는 바람의 차지다.
나는 언어를 버리러 여기 왔으므로
야생의 노루처럼 외쳤다.

종적 없이 세상을 떠나는 것은
영명한 금수들만이 아는 일이라
벼랑 끝에서 날아오르는 새들은
죽은 이들의 넋을 물고
하늬바람에 몸을 맡긴다.

산정에는 계절이 없다.
구상나무 고사목들만 하얗게

정신의 골격으로 서 있다.
바람을 가르며 고요히
한 천 년 그렇게 서 있다.

사투리

내 모국어는 사투리
어머니 품속에서
자장가로 배운 말

웡이자랑 웡이자랑
우리 애기 잘도 잔다

하루해는 잘도 넘어가고
어린 꿈은 둥둥둥
물마루를 넘나들고

어느새 어른이 되어
번지르르 서울말을 써도
헛발 걸리듯
툭툭 끼어드는 사투리

잠결에 들리는
어머니의 자장가

고도를 기다리며

고도는 기다려도 오지 않는다.
그것은 이미 내 안에 있다.
고도, 외로운 섬.
갈 수 없는 곳, 고도.

버려진 펜

먹물이 다 빠져나간 펜이
탁자 위에 정처 없이 누워 있다.
낭자한 출혈의 기억도 아득히
말끔하게 속을 비워낸 투명함.

하지만 네 언어에서는 살 냄새가 났다.
어린 치정에 밤마다 시달릴 때
열띤 몸속에선 길을 잃은 단어들이
악몽처럼 들끓으며 싸웠다.

때로는 속절없이 모국어로 위로 받기도 했다.
기억 속의 자장가는 잠의 둘레를 맴돌고
밤은 길고 침묵은 무거웠던 시간
끝내 나는 잠들지 못했다.

등불을 끄고 어둠의 창으로 돌아설 때
무적霧笛의 울음소리를 들었던가.
새벽 항구의 소음을 들으며
나는 백지 위에 펜을 놓았다.

삶의 끝은 장엄할 것도 없다.
못 다한 말들을 허물처럼 벗고 침묵 속으로
걸어가는 것, 말줄임표도 버리고
백지 속으로 사라지는 것이다……

타프롬의 나무

나무는 또 하나의 신전이다.
밀림 속의 타프롬
인적 없는 돌의 왕국을 점령한
무적의 무화과나무여,

너는 알고 있구나.
오백 년 왕업도 한 세월일 뿐,
예술도 한갓 꿈임을.

폐허 위에 다시 세운 나무의 문명을
태양이 각광으로 비추어도
어두워지고 나면 연꽃이 시들듯
사상도 잊힌다는 것을.

독사의 뱃속처럼 서늘한 그늘
번들거리는 욕망의 비늘들,
머리 아홉 달린 뱀은
신전의 돌탑들 위로 기어올라
용암처럼 끓어 오른다.

브라만이나 붓다나 문둥이 왕이나
사방에서 둘러보는 미소들
지혜를 잃은 눈빛 멍하게
수천 개의 망상의 뿌리 속에 잠겨 있다.

돌을 깎아 웃음을 새기던 손길과
악몽 같은 나무의 몸부림들
생과 사를 한 몸으로 이루고 있으니
나무는 시간의 사원이다.

파란 하느님

하릴없이 산만한 영혼이
하루살이처럼 날아오를 때
배후를 환하게 비춰주는 하늘.

세상살이에 지친 몸이 무겁게 추락하거나
정처 없는 마음이 불안스레 바닷가를 서성일 때
서늘한 바람이 손을 끌며 불어 가는 그곳.

하느님은 가벼운 창공
파란 거울, 파란 바다
파랗게 물든 색종이.

파란 종이를 하얗게 말려서
나는 그 위에 글씨를 쓴다.
가끔은 시커먼 잉크를 와락 쏟아버리기도 한다.

맨 처음 발자국

1.
영영 일어나지 않을 것 같은 일들이
지나고 나면 허망해지듯
기억할 수 있는 현재는 짧고
맨 처음 발자국이 오래 남는다.

2.
나는 늘 아직 시작하지 못한 어떤 것 속에서 살아간다.
뭉그적거리는 현재와 자꾸만 유보되는 또 다른 현재는
물살 거센 징검다리처럼 건너기 어렵다.
시간은 그렇게 손가락 사이를 빠져나간다.

3.
삶은 앞으로 나아가는 것이 아니라
옆으로 번져 가는 것인지도 모른다.
맨 처음 한 방울의 피가 떨어졌던 자리는
하얗게 바래어 가고
백지와 싸우는 경계선만
들불처럼 빨갛게 타오른다.

비 내리는 날

무거운 저기압이 머릿속에 그물을 친다.
나는 한 걸음씩 힘겹게 등고선을 오른다.
급격한 협곡을 지날 때에는
일방적으로 펄럭이기도 한다.

살아가며 물처럼 흐르기는
어려운 일도 아니다. 다만,
역류하는 피가 문제이다.
비가 쏟아질 때마다
왜 내 정신의 하수구는 솟구치고 마는 걸까.

시큼한 시궁창의 오물들을 게워내며
거리는 바다 쪽으로 엎어져 있다.
내 머리는 깊은 바다 속으로
무거운 돌처럼 가라앉는다.

내가 모르는 나의 마지막 꿈

어느 날 내가 세상 입맛 다 잃어버리고
가뭄 든 저수지처럼
영혼마저 말라버릴 때
내 육신은 부서지는 가루가 되어
바람이 될까
다시 돌이 될까.

아주 가벼운 것과 무거운 것 사이에서
삶은 흔들리느니
나의 마지막 흔적은
풍화하는 돌이 되어
적막하게 사라질 수 있을까.

모양을 바꾸며 서걱거리는
사막의 모래 바람처럼
석양의 지평선을 떠돌다가
먼 산에 내리는 눈이나 될까
유년의 뒷동산 솔숲에 부는
바람이 다시 될까.

나의 마지막 꿈은 어떤 것일까.

이방인

오후 두 시와 세 시 사이
사방이 서로 무심해지는 시간
백지처럼 고요한 창문
허공을 날갯짓으로 울리며
벌 한 마리 유리창을 맴돈다.

꿈처럼 훤히 보이는 저 너머로
환한 벽에 막혀 건널 수 없다.
오로지 맑은 거울의 견고함만이
너의 모든 삶의 실존이다.

그리움이 물처럼 바람처럼 흐른다 해도
오색빛깔 유리그림을 그린다 해도
인생이란 어차피 그저 그렇게
형이상학에 머리를 부딪치며 죽어 가는 것 아닌가.

뫼르쏘가 이방인처럼 앉아 있던 한낮의 교회당
유리창을 떠돌던 벌 한 마리.

*뫼르쏘는 알베르 카뮈의 소설 「이방인」의 주인공.

반 푼짜리 나

나는 부모님의 아들이고
아내의 남편이고
누이의 오빠고
식구들의 가장이고
오랫동안 학생이었고
월급쟁이 직장인이고
가끔 글을 쓰는 사람이고
세금 내는 국민이고
아파트 동네 주민이고
그렇지만
끝끝내 나는 나일 뿐
채워지지 않는 나
규정되지 않는 나
한 구석이 석연치 않은 나이다
나는 그 모든 것이면서
끝내 그것만은 아니다
나는 또 새롭게
이름을 가지게 되는 나
아직 빈 여백을 가진
목마른 나인 까닭이다.

아버지의 농사

평생 농사를 지은 아버지는
뿌린 대로 거두지 못하신다.
봄에 밭을 갈아
여름 가고 가을이 오면
곡식들이 무성히 자라나곤 하지만
뿌리지 않은 풀들이 더 무던하였다.

농사는 뿌리고 거두는 것이 아니라
땅에 바치면 하늘이 돌려주는 보상이라고 하실 뿐
아버지는 자연과 겨루지 않으신다.

오늘도 아버지 지팡이 짚고
밭으로 나가신다.
몸은 땅에 바치고
영혼은 하늘로 돌아가리라 믿으시며.

불면

마저 끝나지 않은 지난밤의 어둠 위로
태양이 겹쳐 떠오르며 나를 눈멀게 하고,
말없는 신이 그어 놓은 지평선 너머로
정처 없이 선 짐승의 그림자를 길게 늘일 때
시간의 물레방아를 돌리며
나는 얼마나 먼 길을 걸었던가.

막막한 백지의 사막 위로
주름 지으며 나아가는 대상의 행렬
흐르는 바람에 풍문도 발자국도 지워지고
하룻밤 사이에 달라지는 이방의 지형들
길 없는 길 위의 이정표는
맹목의 햇살과 기억 속의 별빛들이니

허연 낮달이 간신히 빛을 피하여
어둠의 바다 속으로 미끄러지면
깜박깜박 조는 별들을 보며 나는
잠의 알갱이들을 하나씩 집어 먹는다.
곤한 몸 뒤척이는 파도의 포말들이
귓바퀴에서 코골이하고 있다……

뒤란의 항아리

어린 시절 까치발하고 매달려
머리끝까지 떨며 들여다보던
뒤란의 배부른 항아리 속에는
까만 어둠과 물에 비친
하얀 눈빛이 차가웠다.
그믐달 모양으로 남은 하늘은
비밀의 문처럼 열리지 않고
아! 하고 부르면 파르르 지워지며
아하! 하고 대답하던 동굴.
나 몰래 비 내린 날 항아리 넘쳐흘러
거기 살던 잉어 한 마리
땅에 떨어져 죽은 뒤로는
찾아가지 않는 항아리,
마음에 봉하고 사는 뒤란의 항아리.

가을 편지

잘 지내고 있나요.
이방의 가을도 이곳처럼 스산한지,
소식 오간 지 오래군요.
어차피 갈 거라면
미련 없이 가겠다는 듯
가지 끝 마지막 이파리마저
모질게 훑어버리고
거리 끝으로 달려가는 바람의
황망한 뒷모습을 보고 있소.
계절의 비명처럼
손사래 치는 단풍잎을 밟으며
나는 그대가 사는 하늘 쪽
산마루의 석양을 바라보고 있소.

봄날의 허깨비

홀씨

민들레꽃 지어 사윈 날에
봄바람 불어
지천에 홀아비 홀씨
바람 타고
사랑 찾아 떠나네
천지간에 분분한
외로움아, 연분아,
연보랏빛 등꽃 훤히 밝히고
천 년은 기다릴 이 그리움을
너는 어느 꽃그늘에서
서늘히 맞아주련?

찔레꽃

늘 몸살이고 만날 엄살이지만
나는 봄이 견디기 어렵다.
슬그머니 겨울잠 깬 뱀처럼
뜨락의 가지들 끝으로 번져나가는
초록의 물결무늬들 따라
열매도 못 맺는 헛꽃들
덩달아 술렁이는 사춘기.
이미 저질러진 삶을 어쩌겠느냐고
그늘 위로 새싹 파랗게 드리우며
알록달록한 치맛자락 살랑대는
저 봄바람 속 봄볕의 능청에
하얗게 번지는 찔레꽃 무더기.

배꽃

삶이 아주 살 맛 나려면
거의 고통스러워져야 한데요.
괴롭지 않으면서 충만한 것이 어디 있나요.
과유불급의 충만함이 있을까요.
다 너무 지나치거나 부족한 것 아닌가요.
아주 심심하거나 괴롭거나 한 것 아닌가요.
그 사이에서 팽팽히 당겨지는
추락 직전의 무게는 어떤가요.
나는 배꼽이 자꾸만 가려워요.
이 무거움의 비밀은 시간이죠.
내 심장은 술처럼 익어가다가 썩을 거예요.
과육이 향기로 사라질 때까지
바람을 밀어내는 적당히 무거운 날개로
제 몸 가누는 저항을 느낄 수 있는 한계로
멀리 멀리 날아가고 싶어요.
제가 무겁지 않다면 날고 싶었을까요.
소멸이 없다면 살고 싶었을까요.
맑은 하늘에 하늘거리며 날아가는
배꽃송이 하얀 나비 한 마리처럼.

봄날의 허깨비

오늘 보는 이 벚꽃은
어제 본 그 꽃이었나
지난 해 그 꽃이었나
봄날 아지랑이 속에
무지개만 아롱다롱

아름다운 우리 꽃

꽃이라는 글자는
꼭 꽃같이 생겼다.
ㄲ 으로 꽃잎 두 개 올리고
오! 하며 암술과 수술
한가운데 심어 놓고
떨어지는 꽃가루에
꽃잎 세 개 받치면
활짝 피어나는 꽃 한 송이.

내가 그 이름을 부르려면
아무래도 꽃이라고 쓸 수밖에 없을
하얀 종이 위의 꽃들.
꽃!, 꽃!, 꽃!…이라고 쓰면
꽃들이 무더기로 피어난다.

나는 꽃 한 송이 곱게 묶어
품에 안고 싶어서
"꽃",이라고 쓴다.
둘레에 벌들이 날아든다.

장미

내 어린 애인은 두 눈이 쌍꺼풀이라네
엷은 졸음에 겨워 겹겹이 감기는 눈길 속
갈래 갈래로 열기는 꿈길
네가 사는 나라는 가깝고도 아득하여
눈앞에 보여도 닿을 수 없네
열락의 잔을 들던 옛날의 기억들
가녀린 악기 소리 울리는 나무들
한 줄기 향기로 봉해버린 아름다움의 미로
돌아가는 길을 영영 잊어버린
내 두 눈 속의 백일몽의 나라
내 애인은 어린 장미꽃이네

연필 깎아 주는 여자

초등학교 다니던 시절 나는
연필을 잘 깎지 못했다.
아라비아 공주의 손가락처럼
하얗고 긴 연필을 가지고 싶었다.
옆자리의 짝꿍 지연이는
필통 속에 긴 연필들이 가지런했다.
도도하고 깍쟁이 같았던 그 애가
내 무딘 연필을 길게 깎아주었던 날
그 애의 하얀 손이 너무도 예뻤다.
그 애와 결혼하여 함께 산다면
평생 내 연필을 깎아줄 것 같았다.
하얀 목덜미와 까만 눈빛이 기억나는
그 여자애는 지금 누구에게 시집을 가서
아라비아 공주처럼 고운 연필을 깎고 있을까.

장미와 돼지

유월 하늘 아래 나무들 푸른 그늘 짜는
한낮 그 햇살 너무 사랑스러워
그 빛의 폭포로 멱을 감고 싶어
뒤뜰 풀밭 위로 빠알간 입술 내밀고
제 멋에 취한 장미 넝쿨들 사이
바람개비처럼 흔들리는 한 송이
손 안에 곱게 담아 코끝에 대는 순간
화악 번져오는 진한 냄새의 물결
아득한 기억 속의 돼지우리 똥 냄새
장미 향기 속에서 웬 똥 냄새냐구?
옛날 시골집 돼지우리에 심어진 넝쿨 장미들
머릿속에서 문득 다시 피어났던 것!
시커먼 돼지가 사람똥 먹고 늘어지게 자는 한낮
풀풀 흘리는 거름 냄새 사이로
살긋 끼어들어 코 간질이던 장미꽃 향기
변소간 디딜팡에 두 다리 걸치고 앉아
눈 감고 나른히 엷은 졸음에 취해
파란 하늘, 바람, 햇빛 냄새 맡으며
숨 쉬던 장미, 거름, 돼지, 그리고 나.

순간의 꽃

유월 장마기별이 있더니
소나기가 나뭇잎을 덮친다.
화들짝 놀란 처녀
파란 꽃무늬 점점이 피어난
하얀 통치마 입고
그늘 속으로 숨는다.

물 먹은 등 위로 그려지는
살굿빛 동그란 그림자
빗물에 미끄러지며
자꾸 둥그러져만 가는
유월의 설레는 마음이여.

여린 수줍음도 다 씻어갈
해갈의 빗줄기여.
맑게 얼굴 씻은 더운 해
두둥실 다시 나올 때
빗물에 목 축이고 피어나는
순간의 꽃이여.

광합성

여름엔, 그냥 논다
노는 것도 때로는 일이다
내가 조로아스터 교도처럼 섬기는
태양이 지구를 달구는 한낮에

멀구슬나무 목마르다고
천둥 같은 소리로
매미들 비 청하는 날에도
그냥 논다, 막무가내로

그늘에 코를 대고 드러눕는다
땅속의 모든 미생물들
영글고 익어 내뿜는
배설물 냄새를 맡는다
충전지같이 뜨거운 몸으로

광합성에 몸 내맡긴 풀잎들이
긴 산소 호흡을 들이마신다
여름엔 그냥 햇살 속에서 논다
노는 것도 때에 따라선
큰일을 챙기는 거다

소나기

산 넘던 젊은 중
고갯마루에 걸터앉아
가사 자락 흩트려 놓고
힘차게 날리는
오줌줄기 세차다!!

귀뚜라미

팔월 염천 저물어
귀뚜라미 소리도 여물어
벼이삭에 살 오르라고
노란 별빛 와르르 깨우며
왁자하게 웃고 있다

나룻배

경상도 깊은 고을 낙동강 작은 나루에는
전설처럼 허름한 주막이 한 채 서 있고
아주 젊은 날부터 술을 팔아온 늙은 노파가 있고
뒤꼍에서 마른 장작이나 패는 노인이 사는데요.

세상사 복잡해질수록 점점 발길이 줄어
물 건너는 나그네들 가끔 들르는 그곳에서
노인은 동전 몇 닢이면 나룻배를 띄워
길손들을 건넛마을로 건네주기도 하는데요.

칠순이 넘은 노인이 거뜬히 강을 건너는 것은
이팔청춘에 어린 아내와 뜨거운 사랑 나누던
그 긴 강 언덕의 추억 때문만도 아니고
끼니때마다 안 거르는 막걸리 때문만도 아니고

그저 젊은 혈기 참지 못해 분풀이로도 젓고
세상살이 고단해 신세타령에 박자로도 젓고
야속한 세월 무단히 뛰어넘고 싶던 마음으로도 저으며
한평생을 건너온 그 낡은 몸이 이제
나룻배와 똑같이 그렇게 흐르는 까닭이라 하네요.

항아리를 안은 여인

고깃배로 한바탕 술렁인 작은 부둣가
갯마을의 여인들은 푸른 고기를 안고
비린내 나는 바람 속으로
잰 걸음으로 가고 있다.

파도처럼 일렁이는 엉덩이
출렁대는 항아리 속에서
반짝이며 뛰어오르는 물방울들
오색빛깔 물고기들이 야단이다.

덩달아 나의 가슴속에서도
잠에서 깬 물고기들이 수런댄다.
푸른 항아리를 와락 끌어안고
요동치는 바다로 뛰어들고 싶다고.

인연

우리 집 누렁이 정분났다
엊그제부터 발소리가 가볍더니
옆집 잡종개를 졸졸 끌고 다닌다.
하필이면 못생기고 키 작은
더벅머리 복술개가 애인이다

공연히 발정 나 쩔쩔매는
과수원집 희여 멀건 수캐야,
네 아무리 잘났다고
목청 돋우며 울러댔다만
네가 사랑을 아느냐.
하필이면 저 못생긴 놈에게
까닭 없이 첫눈이 가버린
누렁이의 오묘한 마음이 우주 같음을

과수원 배나무들 환하게 꽃핀 밤
누렁이랑 복술이가 오솔길로 달려가며
약 올리듯 흔드는 파문,
저 꼬리 두 개의 경쾌함이여!

혼인 비행

잠자리 두 마리 허공을 떠돌다
별안간 달려들어 맞붙어서는
까만 동그라미를 그리며
쩌르르……
아찔한 사랑을 나눈다.

동그라미 속 하늘이
잠시
환―하다.

저녁노을

하늘과 바다가 오래 입맞춤하는 시간
오는 밤 맞을 사랑을 위해
처녀는 달뜬 부끄러움을 감추려
보랏빛 눈화장을 한다.
새로이 내리는 초야의 어둠이 그윽이
비바리의 긴 머리를 쓸어내리고
오래 헤어졌던 모든 것들이 다시 만난다.
어둠은 만물을 잇는 끈,
서로의 눈이 눈빛을 알아보고
손길이 길을 트며 손을 감싸고
살가운 포옹이 파도 위에 누울 때
비바리는 깊게 눈을 감는다.

흔들림

바람이 없어도 문득 흔들리는 가지들이 있다.
좌우로 마주보며 돋아난 푸른 잎사귀들
한낮 무거운 해의 화살에 맞아
중심을 잃고는 한동안 비틀비틀
모든 목숨이 가까스로 지키는 이 오묘한
균형의 원리를 이제야 깨닫는다는 듯
낮술 한 잔 마시지 않은 몸에 어질머리
텅 빈 공간 속으로 그림자 흩뿌리며 비칠비칠
불완전한 비대칭의 이 푸른 세상 속
멀쩡한 걸음걸이도 가끔씩 헛발질이다.

참나무보살

참나무보살님 다시 가을이네요.
도토리 열매들 다 익었겠네요.
숲길 헤매는 너구리들 길 잃지 말게 하시고
초롱초롱한 눈이 귀여운 다람쥐 식구들
알뜰살뜰 겨울나게 해 주세요.
가볍게 말린 이파리들 두툼히 깔아
눈이 내려와도 차갑지 않게 하시고
산길 가는 나그네들 발 안 아프게
푹신푹신한 길 만들어 주세요.
외로운 장수풍뎅이 쉴 자리
껍데기 깊은 속에 만들어 주시고
길 없는 암자의 노승 하늘로 가는 길
마른 장작과 함께 타올라
쓸쓸하지 않게 해 주세요.
나무관세음참나무보살님.

쇠의 울음

쇠가 운다.
가을밤 찬바람에 쇠가 운다.
낡은 담벼락 거친 돌 틈에
제 부리를 묻으며 쇠가 운다.
바람에 나뭇잎이 이울고
어린 들새가 암흑에 젖은 정막 속
쇠가 쇠를 만나 쇠를 베이며 운다.

쇠의 길은 가도 가도 고독이다.
어둠에 몸 숨기는 낯선 눈빛아!
저 지루한 역사의 한낮을 베는
야수들의 칼날을 보아라.
풀이 바람에 눕고 제 어미의 바다가 울듯
핏빛 저린 두 손을 껴안고
쇠가 홀로 운다.

솔개

솔개가 빙빙 돌고 있다.
티끌 한 점 없는 파란 창공
우주의 한복판에 한 점으로
오로지 한 가지 생각에 골몰한
지독한 고독의 검은 그림자

지상의 티끌까지 노려보는 눈빛에
서슬 퍼런 정신의 허기가 맺힌다.
허튼 번뇌는 단순한 몸짓으로 씻으라.
유유히 호흡을 조절하는 날갯죽지 끝에
관념의 추를 겨냥하는 빛살이 인다.

목숨이란 얼마나 누추한 것이랴.
한 정신을 저 높이로 이끄는 데도
지상의 작은 제물을 바쳐야 했으니
아득한 창공, 아찔한 땅 위 그 사이에
한 점 이슬로 사라져갈 운명이여.

봄이 오기 전에

설날 세배 자리에서
유과 두어 개 드시고선
먹은 둥 만 둥 하다 하시곤
다시 유과 두어 개.

봄 되기 전 매화 한창일 때
며칠 누우셨다가 마지막 숨 거두셨다.

먼 초등학교 가던 길
마을 들머리에 있는 집
긴 올레 돌아 들어가던 초가집
마당 깊고 햇살 따스하던 외갓집
조용한 하얀 머리의 외할머니 사시던 집.

봄동

꽃샘바람 부는 날
고향에서 소포를 부쳐 왔다.
겨울을 난 연초록 봄동 배추 몇 다발

멸치 넣고 된장 풀어 국을 끓이다가
노르스름 물 오른 꽃대를 꺾어
물잔에 심어 놓았다.

밤새 고향의 들판이 꿈에 보이고
아침에 봄동을 다시 보니
노랗게 꽃이 피어나
남쪽 창가로 고갤 돌리고 있다.

목련꽃이 지다

겨울이 오면 편지를 쓴다.
돌아갈 수 없는 추억 속으로
다시 시작하는 소설의 주인공이 되어
눈의 나라로 동행하자고
부질없는 그리움에 젖는다.

겨울에 봉인된 사연들
봄의 여린 빛 찾아들면
주소도 없는 편지를 들고
우체국 앞까지 괜히 가 본다.

강마른 목련 한 그루도 해마다
부치지 못할 편지를 쓰고
겨우내 언 손에 움켜쥐었다가
눈이 녹으면 힘없이 떨군다.

목련이 피고 또 지길 기다리는
겨울의 마음, 나는 모른다.
다만 목련꽃 떠난 자리 시커멓다.
꽃이 지면 한동안 무심히
그대를 잊으리라.

은사시나무

네게는 한때 열 개의 날개가 있었지
이른 봄 안개 속으로 기지개 켜는
백 개의 날개가 돋았지
하늘은 맑고 새들이 노래했지
바람은 자꾸 오른쪽으로 불었지
너는 화살처럼 날아오르고 싶었지
하얀 나비들이 춤을 추었지
어린 소녀들이 맴돌며 피리를 불고
먼 호수에서 물고기가 뛰어올랐지
해는 더 높은 곳으로 달리고
너는 수천 개의 비늘로 날고 있었지
하얀 몸 하얀 뿌리들 모두 구름이 되었지

그분의 말씀

아니 보이는 것을 보라는 그분의 말씀
내 귀에는 아무것도 들리지 않고
아무것도 보이지 않는다.

보이지 않는 것은 보이는 것
앞에 있거나 뒤에 있거나,
아니 그 어디 여백에도 없다.

나는 아직 멀었다 까마득하게
눈이 멀고 귀가 멀고
보이는 것은 캄캄한 마음뿐이다.